株式会社ナガノトマト　監修

トマトとなめ茸の
おいしいレシピ

ほおずき書籍

おいしさと健康をお届けし、
すべての人々と
「感動」と「喜び」を分かち合う

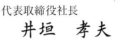

代表取締役社長
井垣　孝夫

　株式会社ナガノトマトは長野県の農家の方々におつくりいただいた、当社オリジナルブランドトマト「愛果（まなか）」、えのきたけといった農産物を加工し、信州のおいしさをお客様にお届けすることを事業の柱として、トマト加工品、なめ茸製品などの食品製造・販売を行っています。

　当社が創業以来一貫して守り続けているもの、それは「品質」です。「食」は、人の生命に関わる大切な仕事であることを認識するとともに、素性の確かな原料を使用し、安全で安心な製品をつくり続けています。

　創業当時に開発・発売した「無着色ケチャップ」は、まだ無着色のニーズがあまりなかった当時としては、先進的な取り組みであり、お客様に安全安心な製品をお届けする「品質」にこだわった「ものづくりの精神」を実現する第一歩でした。現在もその精神は脈々と受け継がれ、これからも守り続けていきます。

　また、製品の品質はもちろん、組織の質、人の質、仕事の質の４つの質を総じてナガノトマトの品質と考えています。創業当時から受け継がれてきた「ものづくりの精神」と「４つの質」は、ナガノトマトの核であり、そこからつくり出される製品が、皆様方の心に潤いと感動を提供することができれば、このうえない喜びです。その想いを社員一人ひとりの心の柱として具現化したものが冒頭の企業理念です。

　この企業理念の実現を常に意識し、ナガノトマトらしい独創的な技にこだわった「食」を提供しながら、ここ信州松本の地でキラリと光る会社を目指してまいります。

　これからもより一層のご支援をお願い申し上げます。

3

トマトについて

オリジナルブランドトマト「愛果（まなか）」

　私たちは、「本当においしく、ナガノトマトらしい商品をつくりたい」という想いから、ケチャップやトマトジュースの原料となるトマトの品種改良を昭和53年にスタートさせました。

　一口に品種改良[1] といっても、交配の組み合わせはほぼ無限にあります。

　「愛果（まなか）」は、契約栽培農家の方々と協力し、約10年間にもおよぶ試行錯誤を経て、ようやく誕生した、「酸味と甘みのバランスが自慢」の当社オリジナルブランドトマトです。

　契約農家の方々や私たちナガノトマトの社員が手摘みで収穫しています。

1）品種改良：交配により２つのものを掛け合わせて、新しい特性をもったものを作り出すこと。

生食用とジュース用のトマトの違い

生食用ピンク系トマト

ジュース用赤系トマト

　大きな違いはその色です（写真参照）。

　スーパーなどで売っている「桃太郎」といった「生食用はピンク系のトマト」です。

　ジュースやケチャップなど、トマト加工品の原料となる「ジュース用は赤系のトマト」で真っ赤な色をしています。

　そしてジュース用トマトは茎を地に這わせた状態で栽培され、真っ赤に熟してから収穫されます。最もおいしくなる8月から9月までのトマトの旬の期間に収穫されます。

　ですから、トマト加工品には今注目の「リコピン」がたっぷり含まれています。

出典元：一般社団法人全国トマト工業会

トマト加工品ができるまで

トマトの受け入れ：集荷したトマトを生産ラインへ投入します

↓

洗浄・選別：きれいな水でよく洗い、傷んだトマトを取り除きます

↓

破砕・搾汁：細かくつぶして、搾ります

↓

濃縮：トマトを濃縮し、ピューレやペーストにします

↓

調合：トマトとほかの原料を入れて煮込みます

↓

殺菌：味と香りをチェックし、殺菌します

↓

充填・密封：容器に詰めてふたをします

↓

箱詰・出荷：検査を通った製品だけを、箱詰めし出荷します

↓

トマトジュース

トマトケチャップ

なめ茸について

なめ茸はえのきたけを使用しています

えのきたけは気温の低い場所で育つきのこ。昔から長野県ではよくえのきたけが採れていました。昔は人工栽培ができなかったので「高級食材」でした。

Q “なめ茸“って何？

A えのきたけをしょうゆで煮た佃煮料理。

Q どうして“なめ茸“というのか？

A なめ茸はえのきたけの別名です。そのほかに「ユキノシタ」とも呼ばれています。
昭和30年代に人工栽培が盛んとなり、えのきたけの加工品としてしょうゆで味つけしたビン詰めを発売した際に“なめ茸茶漬け”という品名であったことから、“なめ茸”が定着して現在にいたります。

Q なめ茸に保存料は入っているの？

A 保存料は使用していません。そのため開栓後はあまり日持ちしません。
保存状況によって日持ちは異なりますが、ビン入りのなめ茸の場合、スプーンなどを使用して出来るだけ早くお召上がりいただきたいと思います。

えのきたけの豆知識

国産えのきたけの6割以上は長野県産

全国のえのきたけの6割以上が長野県で生産されています（生産量全国1位　出典：平成30年特用林産基礎資料より）。えのきたけは鍋や味噌汁の具材には欠かせないきのこです。味付けした加工品は「なめ茸」として親しまれています。定番の汁物以外にも炒め物や和え物にもよく合います。えのきたけはきのこ類の中では旨味成分であるグルタミン酸やビタミンB_1を多く含みます。また、低カロリーで食物繊維が豊富です。国立がんセンター研究所、JA長野厚生連北信総合病院および（一社）長野県農村工業研究所の調査・研究の結果、えのきたけには制がん作用があることが報告されています。

出典元　全国農業協同組合連合会長野県本部ホームページ　https://www.nn.zennoh.or.jp/

脱ビン化計画

Q なぜ、なめ茸をビンからボトルにしようと思ったの？

A 消費者の皆様からのお声がきっかけです。

「ビンは重くて持てないわ」「捨てるときに困るのよ」「使うときに箸やスプーンを使うから、もっと手軽に楽しみたいな」というお声が多くありました。

そこで、手軽で・衛生的で・廃棄の心配をなくすため、「ビンのなめ茸をボトルに入れよう」と思い、開発しました。

Q 具体的にどんなシーンで使えばいいの？
A 例えばこんなシーンで大活躍
　　1．忙しい朝のお弁当作りやごはんのおともに
　　2．さっと手間なく、美しく作りたいおつまみに
　　3．スプーンいらずで、アウトドアのシーンにも

片手で簡単、スマートにお使いいただけます。

毎日の食卓に、もっと便利においしくなめ茸。
スマートなめ茸宣言！

なめ茸ができるまで

えのきたけの選別：えのきたけを手でほぐし、選別します

えのきたけのカット：えのきたけを切断機でカットします

洗浄：シャワー水で洗浄します

計量・煮込み：えのきたけと他の原料を入れて煮込みます

充填・殺菌・冷却：容器に詰めて殺菌・冷却します

箱詰・出荷：検査を通った製品だけをお店に運びます

お客様のもとへ

なめ茸のレシピ

なめ茸ガパオライス

●材料（2人分）

なめ茸　ボトル入り	180 g
ひき肉	300 g
玉ねぎ	1/2個
赤・黄パプリカ	各1/4個
オイスターソース	大さじ2
鶏ガラスープ	小さじ1
水	大さじ2
バジル	適量
サラダ油	適量
ごはん	適量
〈つけあわせ〉	
レタス（飾り）	数枚
目玉焼き	2個

作り方

1　なめ茸　ボトル入り・オイスターソース・鶏ガラスープ・水を混ぜる。

2　フライパンにサラダ油を温め、みじん切りにした玉ねぎ・ひき肉を炒める。玉ねぎが透明になったら、みじん切りにしたパプリカを加えさっと炒める。

3　2に1を加え、かるく火を通したら、バジルを入れる。

4　皿にレタス・ごはん・3・目玉焼きを飾りつければ完成。

なめ茸だれで食べるカオマンガイ

●材料（2人分）

〈なめ茸だれ〉

なめ茸　ボトル入り	大さじ5
おろしにんにく	半かけ
おろししょうが	適量
一味唐辛子	少々
米	1合
鶏もも肉	1枚
塩・こしょう	少々
水	1合分より少なめ
レタス	適量
三つ葉	適量

作り方

1　〈なめ茸だれ〉の材料をボウルで混ぜ合わせ、なめ茸だれを作る。

2　鶏もも肉は塩・こしょうをかるくもみ込む。

3　炊飯器にといだ米と水を入れ、2の肉を上にのせ、炊飯のスイッチを押す。

4　炊き上がったら、肉を取り出し食べやすい大きさに切り、ごはんとお皿に盛りつける。レタスと三つ葉をちらし、1のたれをかけ完成。

ポイント

・カオマンガイを簡易的にしたメニューです。たれはほかの料理にも使える万能だれです。

エスニック風なめ茸冷しゃぶ

●材料（2人分）

〈合わせだれ〉

なめ茸　ボトル入り	大さじ5
レモン汁	大さじ2
ごま油	大さじ1
ナンプラー	小さじ5
豚しゃぶ用肉	300g
紫玉ねぎ	1/2個
レタス	1/2個
料理酒	大さじ1
パクチー（お好み）	適量

作り方

1 レタスを食べやすい大きさに切る。紫玉ねぎを薄切りにし、水にさらしておく。パクチーを入れる場合は3cmに切っておく。

2 沸騰したお湯に料理酒を入れ、豚しゃぶ用肉をサッとくぐらせ、氷水で冷やす。

3 〈合わせだれ〉の材料、2と紫玉ねぎをすべてボウルで混ぜ合わせる。

4 レタスを皿にのせ、3をのせる。お好みでパクチーをちらす。

なめ茸だれで食べる生春巻き

●材料（2人分）

〈なめ茸だれ〉
なめ茸　ボトル入り	大さじ6
おろしにんにく	小さじ1
おろししょうが	小さじ1
一味唐辛子	少々

鶏もも肉	1枚
きゅうり	1本
にんじん	1本
レタス	1/4～1/2個
生春巻きの皮	6枚
乾燥小えび（あみなど）	大さじ6
マヨネーズ	お好み

作り方

1. 大きめの鍋にお湯を沸かす。沸騰したところで鶏もも肉を入れ、2分ほど中火で加熱し、火を止める。そのまま15～20分ほどおいておく。
2. レタスを食べやすくちぎり、きゅうり・にんじんを千切りにする。
3. 小えびをフライパンで乾煎りする。中火で加熱し、きつね色に色づき、香りがたったところで火を止める。
4. 器になめ茸　ボトル入りとおろしにんにく、おろししょうが、一味唐辛子を混ぜ合わせ〈なめ茸だれ〉を作る。
5. 鶏もも肉をお湯から上げ、細切りにする。
6. 生春巻きの皮は、巻く直前に水に15秒ほど浸けて戻す。少し芯が残っている程度で水から上げ、具材をすべてのせて巻く。
7. 〈なめ茸だれ〉をのせて食べる。お好みでマヨネーズも一緒につけてもよい。

だし風なめ茸

●材料（2人分）

なめ茸　ボトル入り	1本
きゅうり	1本
なす	1本
みょうが	2本
大葉	2〜3枚
とろろこんぶ	ひとつまみ
しょうゆ	少々

作り方

1　きゅうりとなすを同じ大きさに刻む。なすは色止めのため、水に5〜10分ほど浸けておく。

2　みょうがと大葉は細かく刻む。

3　すべての材料を混ぜ合わせ、とろろこんぶでねばりけを調整し、しょうゆで味をととのえる（ねばりけはスプーンですくったときに抵抗を感じるくらい）。

ポイント

・きゅうりとなすは、大きさが1：1程度になるように。

・一晩冷蔵庫でねかすと味がなじみよりおいしくなります。

一口サイズのおつまみピザ

● ● ● ● ● ● ● ● ● ● ● ● ●

●材料（２人分）

なめ茸　ボトル入り３種	各大さじ１
（なめ茸・明太子なめ茸・梅じそなめ茸）	
餃子の皮	６枚
ピザ用チーズ	36ｇ
マヨネーズ	小さじ３
〈お好きなトッピング〉	
しらす	適量
おきあみ	適量
小えび乾燥	適量
万能ねぎ（小口切り）	少々

作り方

1 クッキングシートの上に餃子の皮を並べて、皮１枚につきピザ用チーズ６ｇ・マヨネーズ小さじ1/2をのせる。

2 １の上になめ茸　ボトル入り小さじ１とお好きなトッピングを飾り、200℃のオーブンまたはトースターで３分ほど焼く。

3 皿に盛りつけ万能ねぎをちらす。

春雨となめ茸の中華サラダ

●材料（2人分）

なめ茸　ボトル入り	50 g
春雨	20 g
きゅうり	1/2本
にんじん	1/4本
ハム	1枚
卵	1個（錦糸卵）
ごま油	適宜
塩	少々
砂糖	少々
大葉	1枚

作り方

1 春雨をたっぷりのお湯で好みの
かたさにゆでて水で充分冷ます。

2 きゅうりは千切りにしてから塩
もみして水をきってボウルに移
す。

3 にんじん・ハムを千切りにする。

4 2に1と3を入れごま油・砂糖・
なめ茸　ボトル入りを加え混ぜ
る。

5 できた料理に錦糸卵と千切りに
した大葉を飾れば出来上がり。

かぼちゃのなめ茸マヨサラダ

●材料（2人分）

なめ茸　ボトル入り	20g
かぼちゃ	100g
マヨネーズ	小さじ2

作り方

1 一口大に切ったかぼちゃを電子レンジで竹串が通るまで加熱する。

2 かぼちゃの粗熱がとれるまで冷ます。

3 ボウルにかぼちゃを移し、なめ茸　ボトル入りとマヨネーズを加えてあえる。

ポイント

・なめ茸マヨネーズソースはかぼちゃのほかにさつまいもやれんこんなどの根菜類の温野菜によく合います。また、からしを入れてアクセントにしてもOK。

真珠蒸し

●材料（2人分）

梅じそなめ茸　ボトル入り	25g
豚ひき肉	45g
鶏ひき肉	45g
玉ねぎ	30g
豆腐	30g
干ししいたけ	小1枚
おろししょうが	2g
片栗粉	5g
もち米	60g

作り方

1 もち米を8〜10時間水に浸けておく。

2 玉ねぎをみじん切りにし、水で戻した干ししいたけは細切りにする。

3 ボウルにもち米以外の材料をすべて入れ、よくこねる。

4 3を8等分して丸め、周りに水きりしたもち米をつける。

5 温めておいた蒸し器で15〜20分蒸したら完成。

豚肉と大葉のロール巻き

●材料（2人分）

梅じそなめ茸　ボトル入り	80g
豚ロース（スライス）	8枚
大葉	8枚

作り方

1　豚ロース肉の上に大葉と梅じそなめ茸　ボトル入りをのせて巻く。

2　熱したフライパンの上に置いて、焼く（天ぷらやカツにしてもOK）。梅じそなめ茸　ボトル入りをかけて出来上がり。

ポイント
- なめ茸をのせて焼くだけで簡単にソースになります。

たらのホイル焼き

●●●●●●●●●●●●●●●●●●●

●材料（2人分）

梅じそなめ茸　ボトル入り	大さじ4
たら	2切れ
酢	大さじ2
刻みねぎ	適量

作り方

1　ホイルにたら、酢、梅じそなめ茸　ボトル入りを入れ包み、200℃に熱したオーブンで20分焼く。

2　中まで火が通ったら刻みねぎをちらす。

 ポイント
・ホイルに具材を全部入れて焼くだけの時短料理です。

冷奴　なめ茸・めかぶ添え

●材料（2人分）

梅じそなめ茸　ボトル入り	30 g
豆腐	1丁
めかぶ	20 g
わさび	小さじ1
みょうが	1個
万能ねぎ（小口切り）	適量

作 り 方

1　みょうがを千切りにする。

2　梅じそなめ茸　ボトル入りにめかぶ・わさびを入れ混ぜる。

3　適当な大きさに切った豆腐の上に2をかけ、みょうが・万能ねぎをちらす。

ポイント
・温奴もおすすめです。各種なめ茸　ボトル入りと季節の薬味で味のバリエーションをお楽しみください。

なめろう

●材料（2人分）

梅じそなめ茸　ボトル入り	45 g
あじ刺身	300 g
きゅうり	1本
しそ	2枚
白ごま	少々

作り方

1　あじ刺身を細かく刻み、千切り にしたきゅうりと梅じそなめ茸 ボトル入りを一緒に混ぜ合わせ て、包丁でたたく。

2　なめらかになるまでたたいた ら、しそ・白ごまと盛りつける。

ポイント

• さっぱりと食べられます。特に夏におすすめ です。

• しょうゆを使わないので塩分を抑えることが できます。

大根の梅じそなめ茸サラダ

●材料（2人分）

梅じそなめ茸　ボトル入り	40ｇ
大根	150ｇ（3cm）
きゅうり	1/2本
かに風味かまぼこ	2本
大葉	1枚
塩	少々

作り方

1　大根・きゅうりを千切りにし、かるく塩もみをする。

2　水けをきった1に梅じそなめ茸ボトル入り・大葉・かに風味かまぼこを裂いて入れ、あえる。

 ポイント

・ノンオイルのさっぱりサラダです。

和風ポテトサラダ

●●●●●●●●●●●●●●●●●●●●●●●●●●

●材料（2人分）	
梅じそなめ茸　ボトル入り	25 g
じゃがいも	2個
きゅうり	1/4本
しょうが	1/4片
塩	少々
大葉	1枚

作り方

1 きゅうりはスライサーで短い千切りにし、塩もみしておく。

2 大葉としょうがは短く千切りにする。

3 じゃがいもはゆでてつぶし、熱いうちに梅じそなめ茸　ボトル入りと混ぜ合わせる。

4 3の粗熱がとれたら、1のきゅうりの水分を絞り、しょうがと混ぜ合わせ、器に盛りつけ、大葉をのせ出来上がり。

ポイント
・マヨネーズやオイルを使わず、カロリーオフ。
・おつまみとしても前菜にもおすすめです。

さんまのカルパッチョ
なめ茸ジュレドレッシング

●材料（2人分）

〈なめ茸ジュレドレッシング〉	
梅じそなめ茸　ボトル入り	45g
わさび	3g
穀物酢	10ml
しょうゆ	大さじ1/2
オリーブオイル	小さじ2
料理酒	小さじ1
水	25ml
粉寒天	2g
塩・こしょう	適量
レモン汁	適量
さんまの刺身	100〜150g
長ねぎ	30g
ベビーリーフ	15g
ミニトマト	2個
紫玉ねぎ	10g
大葉	1枚
オリーブオイル	大さじ2
塩・こしょう	適量

作り方

1 鍋に〈なめ茸ジュレドレッシング〉の材料を入れ火にかけ、ひと煮立ちしたら弱火で1分ほど煮てからボウルに移し冷蔵庫で冷ます。

2 皿の中央にベビーリーフ、スライスした紫玉ねぎと長ねぎの千切りをのせ、さんまの刺身を並べ、かるく塩・こしょうをしたあと、〈なめ茸ジュレドレッシング〉をまわしかける。

3 4等分にカットしたミニトマトを盛る。

4 オリーブオイルをフライパンに入れ、火にかけ煙が出るくらいまで熱したあと、2の上にかけ、千切りにした大葉を飾る。

和風明太子なめ茸パスタ

● ● ● ● ● ● ● ● ● ● ● ● ● ● ● ● ● ●

●材料（2人分）

〈明太子パスタソース〉

明太子なめ茸　ボトル入り	100g
長ねぎ	1/2本
ごま油	大さじ1/2
パスタ	200g
しらがねぎ	お好み
鶏ひき肉	120g
しょうゆ	小さじ1
塩・こしょう	少々
ごま油	大さじ1

作り方

1. 長ねぎを斜め切りする。
2. ごま油で鶏ひき肉を塩・こしょう・しょうゆを加え炒める。
3. フライパンにごま油を熱し、長ねぎを炒め火が通ったら、明太子なめ茸　ボトル入りを加える。
4. ゆでたパスタに〈明太子パスタソース〉をあえて、炒めた鶏ひき肉をのせ、しらがねぎ・鷹の爪をちらせば完成。

明太子なめ茸クリームの
フィットチーネ

●材料（2人分）

〈明太子クリーム〉	
明太子なめ茸　ボトル入り	160g
生クリーム	180ml
フィットチーネ（乾麺）	200g
オリーブオイル	少量
きざみのり	適量

作り方

1 明太子なめ茸　ボトル入りに生クリームを加えて混ぜ合わせる。

2 たっぷりの湯でフィットチーネを表示のとおりゆでる。ざるに取り、少量のオリーブオイルとあえる。

3 フライパンに2を入れ混ぜながら弱火にかける。

4 かるくとろみがついたら火を止める。

5 3を器に盛りつけ4をかけてきざみのりをトッピングする。

ポイント

・牛乳を入れるとあっさりした味に仕上がります。

・きざみのりはたっぷりかけるのがおすすめです。

・お好みでレモンをしぼって食べても Good。

えびのなめ茸マヨネーズ炒め

●材料（2人分）

明太子なめ茸　ボトル入り	30g
えび	15尾
卵白	1個
〈A〉合わせ調味料	
マヨネーズ	50g
コンデンスミルク	20g
白ワイン	小さじ1
片栗粉	20g
カシューナッツ	5g
パセリ	少々
サニーレタス（飾り）	適量
ミニトマト（飾り）	適量
塩	適量

作り方

1　ボウルに明太子なめ茸　ボトル入り・〈A〉の調味料を入れ、よく混ぜ合わせソースを作る。

2　えびの殻をむいてよく水洗いをしたあと、ボウルの中で卵白と塩を入れてよくもみ込む。

3　えびをさっと水で洗い流し、キッチンペーパーでよく水けをふき取る。

4　えびに片栗粉をまぶし160〜170℃の油で表面がカリッとなるまで揚げる。

5　フライパンに1のソースを入れ、火にかけ温まったら4のえびと細かく砕いたカシューナッツを入れ、ソースとよくからめたあと、サニーレタスを敷いた皿に盛りつけ、パセリとミニトマトを飾る。

しいたけのアヒージョ風

●材料（2人分）

明太子なめ茸　ボトル入り	50ｇ
しいたけ	6個
にんにく	1かけ
オリーブオイル	200ml
マヨネーズ	大さじ1

作り方

1　しいたけの石づきを切り落とす。

2　明太子なめ茸　ボトル入りとマヨネーズを混ぜ合わせ、しいたけのかさに詰める。

3　フライパンにオリーブオイル・つぶしたにんにくを入れて火にかけ、2を焼く。

4　器にオイルとともに盛りつける。

 ポイント

・少しリッチなおつまみを出したいときに最適です。

ツナ・コーン・鮭・なめ茸の炊き込みごはん

●材料（2人分）

特選なめ茸茶漬	30 g
米	1合
生鮭切り身	60 g
ツナ缶	1/2缶
コーン缶	1/2缶
おろししょうが	小さじ1
料理酒	小さじ2
サラダ油	小さじ2
塩・こしょう	適量
木の芽（お好み）	適宜

作り方

1 といだ米に必要量の水を入れ、料理酒・特選なめ茸茶漬・ツナとコーン・おろししょうがを入れてよく混ぜ合わせる。

2 フライパンにサラダ油を入れ火にかけ、塩・こしょうをした鮭を焼く。

3 鮭を1に入れ炊飯器にセットし炊き上げる。

4 炊き上がったら鮭をほぐしながら混ぜ合わせる。お好みで木の芽を添える。

ほたるいかの炊き込みごはん

●材料（2人分）

特選なめ茸茶漬	90g
米	1合
ほたるいか	50g
料理酒	50ml
水	適量
白ごま	少々

作り方

1 炊飯器に米・特選なめ茸茶漬・ほたるいか・料理酒を入れ、目盛りまで水を入れて炊く。

2 炊き上がったらほたるいかを取り出して混ぜ合わせる。

3 器に盛りつけてほたるいかを飾りごまをちらす。

ポイント
• 春を感じられるメニューです。とっても簡単にできます。

きのこ親子丼

●材料（2人分）

特選なめ茸茶漬	90 g
ごはん	400 g
鶏もも肉	150 g
卵	2個
玉ねぎ	75 g
しめじ	20 g
しいたけ	20 g
マッシュルーム	10 g
〈A〉合わせ調味料	
しょうゆ	大さじ1
みりん・料理酒	各大さじ2
水	400ml
刻みのり	適量

作り方

1 鍋に、一口大に切った鶏肉・きのこ類・薄切りにした玉ねぎ・〈A〉の調味料を入れて煮る。

2 具材に火が通ったら特選なめ茸茶漬を入れ、溶き卵でとじる。

3 器にごはんを盛りつけ具材をのせ、刻みのりをちらす。

春キャベツとなめ茸のパスタ
生ハム添え

●材料（2人分）

特選なめ茸茶漬	80 g
キャベツ	150 g
パスタ	200 g
生ハム	30 g
刻みのり	適量
にんにく	10 g
オリーブオイル	大さじ2
コンソメスープ	140ml
塩・こしょう	適量

作り方

1 キャベツを一口大に切り、ゆでる。

2 フライパンにオリーブオイル・みじん切りにしたにんにくを入れ火にかけ、香りが出てきたら、1を加えてかるく炒めたあと、コンソメスープを注ぎ入れる。

3 2に特選なめ茸茶漬を加え混ぜ合わせる。

4 ゆであがったパスタを3に加え火にかけ、水分をとばしながらよく混ぜ、塩・こしょうで味をととのえ、皿に盛りつける。

5 生ハムを飾り、刻みのりを全体にちらす。

スペイン風オムレツ

●材料（2人分）

特選なめ茸茶漬	90g
卵	8個
里芋	90g
カリフラワー	60g
ブロッコリー	45g
ごぼう	40g
しめじ	25g
エリンギ	1本
塩・こしょう	適量
サラダ油	大さじ1
バター	10g

作り方

1 ボウルに卵・塩・こしょう・特選なめ茸茶漬を入れよく混ぜ合わせる。

2 野菜類を電子レンジでやわらかくなるまで温める。里いもは皮をむき乱切りに、ごぼうはスライス、しめじは石づきを取り一口大にほぐし、カリフラワー・エリンギ・ブロッコリーは一口大に切る。

3 2に1を加え皿によく混ぜ合わせる。

4 フライパン（22cm程度）にサラダ油を入れて、火にかけ温まったらバターを加えてから3の材料を流し入れる。

5 ゴムべら等でよく混ぜ卵に火を入れていき、ある程度半熟状になったらとろ火にしてふたをして弱火で8分後、ひっくり返し卵が固まるまで焼く。

6 裏返して両面焼き上げ皿に盛る。

かにとなめ茸のあんかけチャーハン

●材料（2人分）

〈あん〉

特選なめ茸茶漬	80ｇ
鶏ガラスープ	300ml
料理酒	大さじ2
かにほぐし身	60ｇ
水溶き片栗粉	適量
ごま油	少々
ごはん	500ｇ
玉ねぎ	70ｇ
かにほぐし身	50ｇ
卵	2個
サラダ油	大さじ2
塩・こしょう	適量
ミニトマト	お好み

作り方

1 フライパンにサラダ油を入れて火にかけ温まったら、みじん切りにした玉ねぎを加えて炒める。

2 1に卵とかにほぐし身とごはんを加えてほぐしながら炒め、塩・こしょうで味をととのえて皿に盛りつける。

3 鍋に鶏ガラスープ・料理酒・特選なめ茸茶漬を入れて、ひと煮立ちしたあと、かにほぐし身を加え水溶き片栗粉でとろみをつけて仕上げにごま油を加えて〈あん〉を作る。

4 チャーハンの上からあんをかけ、お好みでミニトマトを飾る。

帆立てと小松菜の和風バター炒め

●材料（2人分）

特選なめ茸茶漬	40 g
帆立て（ボイル）	10個
小松菜	180 g
サラダ油	大さじ1
バター	20 g
にんにく	1かけ
鷹の爪	1本
かつおだしスープ	70ml
こしょう	少々

作り方

1 にんにくをみじん切り、小松菜を5cmに切る。

2 フライパンにサラダ油・バター・鷹の爪・にんにくを入れて火にかけ、香りが出てきたら帆立てを入れさっと炒める。

3 小松菜を加えてさらに炒め、特選なめ茸茶漬・かつおだしスープを加え強火で手早く混ぜこしょうで味をととのえる。

和風麻婆豆腐

●材料（2人分）

特選なめ茸茶漬	120 g
しめじ	300 g
ひき肉（豚）	200 g
長ねぎ	70 g
厚揚げ	2枚
豆板醤	50 g
おろししょうが	10 g
しょうゆ	大さじ6
酢	大さじ4
オイスターソース	大さじ1
料理酒	100ml
水	400ml
片栗粉	少々
ごま油	少々

作り方

1 長ねぎをみじん切り、しめじは石づきを取り一口大にほぐし、厚揚げは一口大に切る。

2 ひき肉を炒めたあと、おろししょうが・長ねぎ・しめじ・豆板醤を加え、炒める。

3 厚揚げ・特選なめ茸茶漬・しょうゆ・酢・オイスターソース・料理酒・水を加え、約10分煮込む。

4 片栗粉でとろみをつけ、仕上げにごま油を回しかける。

お麩とごぼうの柳川風

●材料（2人分）

特選なめ茸茶漬	100g
ごぼう	60g
しめじ	60g
焼き麩	16g
卵	4個
水	300ml
三つ葉	適量

作り方

1 お麩は水につけてふやかす。

2 ごぼうはささがきにし、酢水で アク抜きをする。

3 特選なめ茸茶漬と水を平鍋に入 れ火にかける。

4 ごぼうとお麩を入れ5分ほど煮 詰める。

5 火を止めて溶き卵を流し込み三 つ葉を添える。

ポイント
・しめじなどのきのこを入れると一層うまみが 増します。

新じゃがいもとたけのこの揚げ出し風

●材料（2人分）

特選なめ茸茶漬	60g
新じゃがいも	中2個
たけのこ（水煮）	40g
枝豆	30g
片栗粉	適量
白だし	60ml
水溶き片栗粉	適量

作り方

1 新じゃがいもを塩ゆでする。竹串で火が通っていることを確認する。

2 よく水けをきった新じゃがいもに、片栗粉をまぶし160℃の油で表面がカラッとするまで揚げる。

3 鍋に白だし、一口大に切ったたけのこ、枝豆を入れて火にかけ温まったら、特選なめ茸茶漬40gを加えて水溶き片栗粉でとろみをつける。

4 皿に2を盛りつけ、3を上からかけて特選なめ茸茶漬20gを添える。

・春に食べたい旬の簡単レシピです。

パプリカと豚肉のチーズ蒸し

●材料（2人分）

特選なめ茸茶漬	180 g
豚ロース肉（とんかつ用）	2枚
パプリカ（赤・黄）	1/2個
ピザ用チーズ	60 g
白ワイン	65ml
オリーブオイル	大さじ1
塩・こしょう	少々

作り方

1　豚肉は筋切りをして、塩・こしょうをふる。パプリカはそれぞれ5mm幅で縦に切る。

2　フライパンにオリーブオイルを入れてパプリカを炒める。火が通ったらお皿に出しておく。

3　同じフライパンを中火で熱し、豚肉を並べ、両面を約1分ずつ焼く。

4　中火のまま、豚肉の周りを囲むように特選なめ茸茶漬、パプリカを入れる。白ワインを加え、ふたをして約3分ほど蒸し焼きにする。

5　ふたを外してピザ用チーズをちらし、再びふたをして弱火で2分ほど蒸し焼きにして完成。

白菜となめ茸のあっさり漬け

●材料（2人分）

特選なめ茸茶漬	65 g
白菜	200 g
にんじん	80 g
レモン汁	少々

作り方

1 白菜を葉はざく切り、茎は短冊に食べやすい大きさに切る。

2 にんじんは細切りか、ピーラーでそぎ切りする。

3 白菜・にんじん・特選なめ茸茶漬を食品保存用ポリ袋に入れてよくあえる。

4 レモン汁を絞り冷蔵庫で1時間ほど漬けおきして出来上がり。

ポイント

・なめ茸は万能調味料です。めんつゆと同じように味つけが簡単にできます。レモン汁で酸味をプラスしてあえものとはちがう食感をお楽しみください。

厚揚げのねぎみそ焼き

●材料（2人分）

〈なめ茸入りねぎみそ〉

特選なめ茸茶漬	40g
白みそ	50g
料理酒	小さじ4
砂糖	小さじ4
長ねぎ（みじん切り）	25g
厚揚げ	2枚

作り方

1 ボウルに白みそ・料理酒・砂糖を入れよく混ぜ合わせてから特選なめ茸茶漬・長ねぎを加えしっかりと混ぜ、〈なめ茸入りねぎみそ〉を作る。

2 厚揚げを両面トースターで焼き、焼き色がついたら片面に1を全体に塗りさらに焼く。

ごま油香る！
かぶのなめ茸あんのせ

●●●●●●●●●●●●●●●●●●●●●●

●材料（2人分）

特選なめ茸茶漬	45g
かぶ（葉つき）	2株
油揚げ	1/2枚
ごま油	適量
塩	適量

作 り 方

1 かぶの葉の部分を切り取って、かぶをくし型に8等分する。フライパンにごま油を入れて加熱し、かぶを入れてじっくり火が通るまで炒める。塩で味をととのえ、皿に盛りつける。

2 かぶの葉は細かく刻み、油揚げは細切りにする。

3 フライパンにごま油を入れて加熱し、ごま油の香りがたったら油揚げを加えて香ばしい香りがするまで炒め、ボウルに移す。

4 同じフライパンに刻んだかぶの葉を加えて火が通るまで炒める。油揚げを入れたボウルに炒めたかぶの葉を移し、特選なめ茸茶漬を加えて混ぜる。

5 1でお皿に盛りつけたかぶに、4を盛りつける。

なめ茸のねばねば寒天よせ

●材料（2人分）

特選なめ茸茶漬	20g
絹ごし豆腐	75g
めかぶ	20g
オクラ	2本
めんつゆ	25ml
水	125ml
粉寒天	5g
〈盛りつけ〉	
しょうが（針しょうが）	適量
特選なめ茸茶漬	適量

作り方

1 オクラは湯がいて小口切り、めかぶは包丁で細かくたたいておく。

2 水・めんつゆ・粉寒天を鍋に入れて火にかけよく溶かす。

3 寒天が溶けたら火を止め、くずした絹ごし豆腐・めかぶ・オクラ・特選なめ茸茶漬を加えて混ぜ、粗熱がとれたらガラスの器に流し入れ、冷やし固める。

4 食べる直前に、しょうがと特選なめ茸茶漬を盛りつける。

なめ茸と野沢菜入り鶏団子の中華風スープ

●材料（2人分）

〈鶏団子〉

特選なめ茸茶漬	50g
鶏ひき肉	150g
野沢菜	50g
ねぎ	適量
しょうが	適量
塩	少々
しょうゆ	大さじ1/2
料理酒	大さじ1/2
ごま油	大さじ1/2
片栗粉	大さじ1/2

〈スープ〉

たけのこ（水煮）	30g
まいたけ	15g
鶏ガラスープ	500ml
料理酒	大さじ1
しょうゆ	小さじ2
万能ねぎ	4g
溶き卵	1個

作り方

1 ねぎ・しょうが・野沢菜をみじん切りにする。

2 1をボウルに入れてから鶏ひき肉を入れ、手でこねる。

3 2に特選なめ茸茶漬・塩・しょうゆ・料理酒・ごま油・片栗粉を加えてさらによく混ぜる。

4 鍋に鶏ガラスープを入れ、しょうゆと酒で味をととのえる。

5 煮立った鍋に親指大に丸めた肉団子を入れる。

6 5に一口大に切ったたけのこ水煮とまいたけを加え、すべての具材に火が通ったら溶き卵を回し入れ器に盛る。

7 万能ねぎをちらして出来上がり。

なめ茸ほかほかスープ

●材料（2人分）

特選なめ茸茶漬	30 g
豚肉（薄切り）	50 g
たけのこ（水煮）	25 g
しいたけ	1個
豆腐	1/6丁
万能ねぎ	少々
溶き卵	1個
サラダ油	小さじ1
鶏ガラスープ	100ml
〈合わせ調味料〉	
料理酒	大さじ1
しょうゆ	大さじ1
こしょう	少々
酢	大さじ1/2
水溶き片栗粉	適量
三つ葉	適量

作り方

1 豚肉・たけのこ・しいたけ・豆腐を一口大に切る。

2 鍋にサラダ油を加え、火にかけ温まったら、豚肉を炒め、鶏ガラスープを加えアクを取り、沸騰してきたら、たけのこ、しいたけを入れ、〈合わせ調味料〉で味をととのえてから豆腐を入れる。

3 再度沸騰してきたら、水溶き片栗粉でとろみをつけ、特選なめ茸茶漬を入れ、混ぜる。

4 溶き卵を回し入れ、万能ねぎをちらして三つ葉をのせたら出来上がり。

春キャベツとなめ茸の焼き餃子

●材料（2人分）

特選なめ茸　うす塩味	50ｇ
豚ひき肉	100ｇ
春キャベツ	100ｇ
にら	50ｇ
パプリカ赤・黄（みじん切り）	各1/4個
餃子の皮	30枚
塩	少々
〈合わせ調味料〉	
ごま油	大さじ1
塩・こしょう	少々

作り方

1 細かく刻んだキャベツ・にらをボウルに入れ、塩を少々加えてよく混ぜ、野菜から水分が出てきたらよく絞って別のボウルに移す。

2 豚ひき肉・特選なめ茸　うす塩味・みじん切りにしたパプリカを加えてさらによくこねる。

3 〈合わせ調味料〉を加えよくこね餃子の皮に包む。※餃子の皮1枚に対してあん10ｇ

4 熱したフライパンにごま油（分量外）をひき、餃子を焼く。餃子に焼き色がついたら水を入れて蒸し焼きにする。

厚揚げのなめ茸炒め　カレー風味

●材料（2人分）

特選なめ茸　うす塩味	大さじ2
ゆでたブロッコリー	6個
厚揚げ	2枚
ベーコン	30g
しめじ	30g
オリーブオイル	大さじ1
カレー粉	小さじ2
塩・こしょう	少々

作り方

1 厚揚げは1枚を4等分にカットして、熱湯をかけて油抜きをする。

2 特選なめ茸　うす塩味、カレー粉を混ぜる。

3 ベーコンを一口大に切り、しめじは石づきを取り、一口大にほぐす。

4 フライパンにオリーブオイルをひき、ベーコンを炒め、火が通ったら厚揚げとしめじを入れて2を加えて炒める。

5 全体に火が通ったらブロッコリーを加えてかるく混ぜ、塩・こしょうで味をととのえ、皿に盛りつける。

・油揚げでもおいしい。辛口がお好きな方はもちろんカレー粉増量。

なめ茸卵焼き

●材料（2人分）

特選なめ茸　うす塩味	大さじ2
卵	2個
料理酒	大さじ2
油	少々
大根おろし	お好み

作り方

1. ボウルに特選なめ茸　うす塩味・卵・料理酒を入れよく混ぜ合わせる。
2. 卵焼き器に油をひき、1を3回くらいに分けて入れ焼いていく。
3. 好みの大きさに切って器に盛り、お好みで大根おろしを添える。

ポイント
- ごはんのおかずにもお弁当にもお酒のおつまみにもピッタリ。
- お子様と一緒に作っても楽しいです。
- なめ茸でダシいらず。

和え物

●材料（2人分）

特選なめ茸　うす塩味	大さじ2
ブロッコリー	1/2株

作り方

1 ブロッコリーを食べやすい大きさに切り、ゆでる。

2 1と特選なめ茸　うす塩味をあえる。

3 器に盛りつけ出来上がり。

ポイント

・ほうれん草や三つ葉、小松菜、水菜にもおすすめです。

・もう1品というときにすぐにできて便利です。

郵 便 は が き

3	8	1	-	8	7	9	0

長野県長野市

柳原 2133-5

ほおずき書籍㈱行

‖ₗₗ‖ᵐ‖‖ₗₗ‖‖ₗₗₗₗₗₗₗₗₗₗₗₗₗₗₗₗₗₗₗₗₗₗₗₗₗₗₗₗₗₗₗₗₗ‖

郵便番号 □□□ － □□□□

ご 住 所　　都道
　　　　　　府県　　　　　　郡市
　　　　　　　　　　　　　　区

電話番号 （　　　　　） 　－

フリガナ	年　齢	性　別
お 名 前	歳	男・女

ご 職 業

メールアドレス　　　　　　　　　　新刊案内メール配信を
　　　　　　　　　　　　　　　　　□希望する　□しない

▷**お客様の個人情報を保護するため、以下の項目にお答えください。**
　○このハガキを著者に公開してもよい➡(はい・いいえ・名前をふせてならよい)
　○感想文を小社 web サイト・　　➡(はい・いいえ) ※匿名で公開されます
　　パンフレット等に公開してもよい

■■□□■■□□■■□□■■□□ 愛読者カード ■■□□■■□□■■□□■■□□

タイトル	
購入書店名	

●ご購読ありがとうございました。
　本書についてのご意見・ご感想をお聞かせ下さい。

●この本の評価　　悪い　☆₁　☆₂　☆₃　☆₄　☆₅　良い

●「こんな本があったらいいな」というアイディアや、ご自身の
　出版計画がありましたらお聞かせ下さい。

●本書を知ったきっかけをお聞かせ下さい。

☐　新聞・雑誌の広告で（紙・誌名）＿＿＿＿＿＿＿＿＿＿＿＿
☐　新聞・雑誌の書評で（紙・誌名）＿＿＿＿＿＿＿＿＿＿＿
☐　テレビ・ラジオで　☐　書店で　　　　☐　ウェブサイトで
☐　弊社DM・目録で　☐　知人の紹介で　☐　ネット通販サイトで

■ 弊社出版物でご注文がありましたらご記入下さい。

▶ 別途送料がかかります。※3,000円以上お買い上げの場合、送料無料です。
▶ クロネコヤマトの代金引換もご利用できます。詳しくは☎(026)244-0235
　までお問い合わせ下さい。

タイトル＿＿＿＿＿＿＿＿＿＿＿＿＿＿＿＿＿＿＿＿　＿＿＿＿＿冊

タイトル＿＿＿＿＿＿＿＿＿＿＿＿＿＿＿＿＿＿＿＿　＿＿＿＿＿冊

なめ茸のもちもち薄焼き

●材料（小判形5枚）

特選なめ茸　うす塩味	小さじ4
大葉	3枚
小麦粉	50g
水	70ml
ごはん	50g
白ごま	小さじ2
めんつゆ（3倍濃縮）	少々

作り方

1 大葉を縦3等分にし、千切りにする。

2 小麦粉と水をよく混ぜ合わせ、ダマが残っていないのを確認してから、特選なめ茸　うす塩味・大葉・ごはん・白ごま・めんつゆを入れ混ぜ合わせる。

3 フライパンを熱し、油（分量外）をひいて、小判形に広げ中火で両面に焼き色がつくまで焼く。

・軽食やおやつにピッタリ。甘みそをのせてもOK。

冷やし焼きなす
なめ茸オニオンソース

● ● ● ● ● ● ● ● ● ● ● ● ● ● ● ●

●材料（2人分）

〈なめ茸オニオンソース〉

特選なめ茸　うす塩味	40 g
玉ねぎ	40 g
しょうが	16 g
万能ねぎ（お好み）	10 g
しょうゆ	大さじ2
米酢	小さじ2
オリーブオイル	小さじ2
なす	2本

作り方

1 なすは網またはトースターで表面全体を焼いてから皮をむき冷蔵庫で冷ます。

2 ボウルに特選なめ茸　うす塩味、みじん切りにした玉ねぎ・しょうが・万能ねぎを入れ、さらにしょうゆ・米酢・オリーブオイルを加えよく混ぜ合わせ、〈なめ茸オニオンソース〉を作る。

3 1のなすに〈なめ茸オニオンソース〉をかけていただく。

ケークサレ

●材料（20cm）

特選なめ茸　うす塩味	70ｇ
ホットケーキミックス	200ｇ
卵	2個
牛乳	90ml
ハム	50ｇ
マヨネーズ	大さじ2

作り方

1　ハムは細切りにする。

2　ボウルに卵・牛乳・マヨネーズを入れ混ぜ合わせる。

3　2のボウルに1のハム・ホットケーキミックス・特選なめ茸うす塩味を入れ、さらに混ぜる。

4　3を型に入れ、170℃に予熱したオーブンで、25分焼く。

5　粗熱がとれたら型から出して切り分けて出来上がり。

・24cm のフライパンにバターを溶かし、弱火でじっくり焼いてもOK。

10月10日はトマトの日

　トマトの栄養価値やおいしさをアピール
し、トマトを使った料理の普及を図り、人々
の健康増進に貢献することを目的に一般社団
法人全国トマト工業会が2005年に制定した日
です。10月は食生活改善普及月間でもあり健
康への関心が高まる月です。10と10で「トマ
ト」と読む語呂合わせもあり、この日を記念
日としました。

10月15日はきのこの日

　きのこの消費拡大と生産振興を図るため、
きのこに対する正しい知識の普及、啓蒙活動
を積極的に推進して、消費者にきのこの健康
食品としての有用性や調理、利用方法の浸透
を図るために、日本特用林産振興会によって
制定されました。

　10月はきのこが最も多く取り扱われる月で
あり、天然のきのこも多く採れる月で、きの
こ狩り、紅葉狩りなど山の幸を実感できる月
でもあります。その月の中日である10月15日
を「きのこの日」に制定しました。

トマトのレシピ

オムライス

●材料（2人分）

〈ケチャップライス〉

国産つぶ野菜入り信州生まれのケチャップ	大さじ5
鶏もも肉	80g
ごはん	300g
バター	15g
塩・こしょう	少々
卵	4個
サラダ油	大さじ1

作り方

1 鶏もも肉を一口大に切る。フライパンでバターを熱して鶏もも肉を炒めたあと、国産つぶ野菜入り信州生まれのケチャップとごはんを加えて炒める。塩・こしょうで味をととのえてケチャップライスを作る。

2 一人分の卵（2個）をかるく溶きほぐして、塩・こしょうで味つけをする。

3 フライパンにサラダ油を熱して2を入れ、全体を大きくかき混ぜて半熟状態にする。一人分のケチャップライスを卵の中央に横長にのせ、手早く向こう側と手前の卵をケチャップライスにかぶせ、合わせ目を下にして皿に移す。

ちらしずし

●材料（2人分）

国産つぶ野菜入り信州生まれのケチャップ	50 g
温かいごはん	500 g
市販のちらし寿司の素	1袋
お好みのお刺身	適量
きゅうり	1/2本
三つ葉	適量
ゆでた絹さや	適量
錦糸卵	適量
白ごま	適量

作り方

1 温かいごはんと市販のちらし寿司の素、国産つぶ野菜入り信州生まれのケチャップ、白ごまを大きめの容器に入れ、手早く混ぜ合わせる。

2 きゅうりは角切りに、ゆでた絹さやは斜めに切る。

3 皿に **1** を盛り、きゅうり、絹さや、お好みの刺身、錦糸卵を盛りつける。

4 三つ葉を飾り、全体に白ごまをちらしたら出来上がり。

豚照りケチャップ丼

●材料（2人分）

国産つぶ野菜入り信州生まれのケチャップ	大さじ4
ごはん	400g
豚ロース肉（薄切り）	120g
卵	2個
キャベツ	2枚
塩・こしょう	少々
しょうゆ	小さじ2
サラダ油	少々
かいわれ大根	適量

作り方

1 卵を溶きほぐして塩・こしょうで味つけし、サラダ油を熱したフライパンで炒り卵を作る。

2 キャベツはゆでてみじん切りにし、しっかりと水けを絞ってごはんに混ぜる。

3 フライパンにサラダ油を熱し、豚肉を炒める。肉の色が変わったら国産つぶ野菜入り信州生まれのケチャップ・しょうゆを加え、全体にからめる。

4 丼に2のごはんを盛り、1の炒り卵・かいわれ大根・3の豚肉をのせる。

トマトキーマカレー

●材料（2人分）

国産つぶ野菜入り信州生まれのケチャップ	1/2本
ごはん	400g
豚ひき肉	125g
じゃがいも	1/2個
温泉卵	2個
サラダ油	小さじ2
カレー粉	2g
塩・こしょう	適量
〈A〉	
しょうが（みじん切り）	10g
にんにく（みじん切り）	10g
クミンパウダー	少々
〈B〉	
パプリカパウダー	適量
カイエンペッパー	少々
ガラムマサラ	適量
ターメリックパウダー	適量

作り方

1 フライパンにサラダ油と〈A〉を入れて火にかけ、香りが出てきたら豚ひき肉を加え全体に火が通るまで炒める。

2 1にカレー粉・さいの目に切ったじゃがいもを加え、さらに炒めて塩・こしょうで下味をつける。

3 国産つぶ野菜入り信州生まれのケチャップを2に加え、中火でよく混ぜ合わせたあと、〈B〉を加えて弱火で10分ほど煮込む。

4 ごはんの上に3のキーマカレーをかけ、温泉卵をのせる。

簡単ミートソース

●●●●●●●●●●●●●●●●●●●●●●

●材料（2人分）

〈ミートソース〉

国産つぶ野菜入り信州生まれのケチャップ	1/2本
あい挽き肉	100ｇ
コンソメスープ	35ｇ
バター	8ｇ
塩・こしょう	適量
パスタ	200ｇ
オリーブオイル	大さじ1
こしょう	適量
水またはパスタのゆで汁	50ml
パセリ（みじん切り）	適量

作り方

1 フライパンにあい挽き肉を入れ火にかけ、ほぐしながらしっかりと炒める。

2 1を塩・こしょうで味をつけ国産つぶ野菜入り信州生まれのケチャップ・コンソメスープ・バターを加え弱火で5～8分程度煮込む。

3 別のフライパンにオリーブオイル・こしょう・水を入れ火にかけ、ゆであがったパスタを入れサッと合わせてから皿に盛りつける。

4 パスタの中央に2をかけ、パセリをふる。

ナポリタンスパゲティ

●材料（2人分）

〈ナポリタン用ソース〉

国産つぶ野菜入り信州生まれのケチャップ	210 g
トマト	110 g
白ワイン	40 g
豆板醤	4 g
塩・こしょう	適量
パスタ	200 g
玉ねぎ	160 g
しめじ	70 g
ベーコン	60 g
にんじん	60 g
ピーマン	2個
サラダ油	30 g
塩・こしょう	適量

作り方

1 国産つぶ野菜入り信州生まれの
 ケチャップ・みじん切りにした
 トマト・白ワイン・豆板醤・塩・
 こしょうをボウルに入れよく混
 ぜ合わせて、〈ナポリタン用ソー
 ス〉を作る。

2 ベーコンを一口大に切り、玉ね
 ぎ・ピーマン・にんじんはスライ
 スし、しめじは石づきを取り
 一口大にほぐす。

3 フライパンにサラダ油・ベーコ
 ンを入れ火にかけ温まったら、
 玉ねぎ・ピーマン・にんじん・
 しめじを入れしんなりするまで
 炒める。

4 塩・こしょうを2に加え下味を
 つけたあと、1を注ぎ入れ弱火
 で野菜となじませる。

5 ゆであがったパスタを3に入れ
 強火で炒めながら、ソースとよ
 くからませ皿に盛りつける。

つぶつぶ野菜ケチャップジャージャー麺

● ● ● ● ● ● ● ● ● ● ● ● ● ●

●材料（2人分）

国産つぶ野菜入り信州生まれのケチャップ	100ｇ
中華めん	2玉
あい挽き肉	100ｇ
ごま油	大さじ1
にんにく	10ｇ
しょうが	10ｇ
豆板醤	10ｇ
テンメンジャン	20ｇ
塩・こしょう	適量
鶏ガラスープ	100ml
〈つけあわせ〉	
きゅうり	30ｇ
かいわれ大根	10ｇ

作り方

1 フライパンにごま油・にんにくみじん切り・しょうがみじん切り・豆板醤を入れ、火にかけ香りが出てきたら、あい挽き肉を炒める。

2 肉に火が通ったら、テンメンジャンを加え、よく混ぜ合わせ、塩・こしょうで下味をつけたあと、国産つぶ野菜入り信州生まれのケチャップを加える。

3 2に鶏ガラスープを加えひと煮立ちしたら、弱火で1～2分煮る。

4 ゆであがった中華めんを冷水でしめて皿に盛りつけ、3のソースをかけ、千切りにしたきゅうりとかいわれ大根を添える。

のせるピザ

●材料（2人分）

国産つぶ野菜入り信州生まれのケチャップ	35 g
鶏ひき肉	35 g
玉ねぎ	25 g
トマト	1/4個
オリーブオイル	適量
とろけるチーズ	お好み
塩・こしょう	少々
お好みのパン	適量

作り方

1 玉ねぎとトマトは粗いみじん切りにしておく。

2 フライパンでオリーブオイル・玉ねぎ・鶏ひき肉・トマトの順で炒める。

3 国産つぶ野菜入り信州生まれのケチャップをひと煮立ちさせたら、とろけるチーズを加え塩・こしょうで味をととのえる。お好みのパンにのせる。

タンドリーチキン

●材料（2人分）

国産つぶ野菜入り信州生まれのケチャップ	25ｇ
鶏もも肉	300ｇ
プレーンヨーグルト	50ｇ
〈合わせ調味料Ａ〉	
おろしにんにく	少々
おろししょうが	少々
〈合わせ調味料Ｂ〉	
パプリカパウダー	5ｇ
カレー粉	お好みの辛さで
塩	少々
メキシカンチリパウダー	少々
（メキシカンチリパウダーがない場合は、一味唐辛子１～２ｇ）	
ブラックペッパー	適量
米酢	大さじ1/2
サラダ油	小さじ2

作り方

1 鶏もも肉の筋を切り４等分にカットし、皮目のほうに塩・こしょう（分量外）をしておく。

2 ビニール袋にプレーンヨーグルト・国産つぶ野菜入り信州生まれのケチャップ・〈合わせ調味料Ａ〉を入れ、よく混ぜ合わせてからさらに〈合わせ調味料Ｂ〉を加え、味が全体になじむまでよく混ぜ合わせる。

3 ２に１を入れ、外側からよくもみ込み３時間以上味がしみ込むまで冷蔵庫でねかす。

4 オーブン用の鉄板にクッキングシートを敷き、その上に漬け込んだ３の鶏肉を皮目を上にしておき、220℃に熱したオーブンで約30分焼き上げる。

なすとツナのつぶつぶケチャップ炒め

●材料（2人分）

国産つぶ野菜入り信州生まれのケチャップ	60g
なす	1本
ツナ	1/2缶（40g）
めんつゆ	大さじ1
塩・こしょう	少々
水	大さじ1
パセリ（飾り）	適量

作り方

1 なすは味をしみ込みやすくするために、皮をピーラーで3カ所ほどむき、たて半分に切ってから、1cm幅の半月切りにし、水に浸して5分ほどアク抜きをする。

2 国産つぶ野菜入り信州生まれのケチャップ・ツナ・めんつゆ・水を混ぜ合わせておく。

3 フライパンにツナ缶の油をひき、なすを炒めて、しんなりしてきたら、2で混ぜ合わせた材料を入れて中〜弱火でさらに炒め、汁けがとんだらパセリを飾る。味は塩・こしょうでととのえる。

ポテトと白身魚のさっぱりグラタン

●材料（2人分）

国産つぶ野菜入り信州生まれのケチャップ	10g
白身魚	2切れ
じゃがいも	中2個
玉ねぎ	小2個
にんにく	1かけ
ピザ用チーズ	50g
塩	小さじ2/3
こしょう	少々
オリーブオイル	大さじ2
パセリ	適量

作り方

1 白身魚は腹骨をそぎ取り、5mmの厚さにする。

2 じゃがいも・玉ねぎは皮をむいて5mmの厚さに輪切りする。

3 1と2の両面に塩・こしょうをふる。

4 ボウルに国産つぶ野菜入り信州生まれのケチャップ・オリーブオイルを入れ混ぜる。

5 グラタン皿に白身魚・じゃがいも・玉ねぎを交互に重ね、みじん切りにしたにんにくをちらし、表面に4をぬり、ピザ用チーズをちらして200℃に熱したオーブンの中段に入れて30分程度焼く。

6 焼き上がったら国産つぶ野菜入り信州生まれのトマトケチャップ（分量外）、みじん切りにしたパセリをふる。

たことセロリのつぶケチャップあえ

● ● ● ● ● ● ● ● ● ● ● ● ● ● ● ● ● ●

●材料（2人分）

国産つぶ野菜入り信州生まれのケチャップ	大さじ1/2
たこ（生食用）	30g
セロリ	1／2本
レモン汁	小さじ1/2
オリーブオイル	小さじ1/2

作 り 方

1 たこはぶつ切りにし、セロリは筋を引き、斜めにスライスする。

2 国産つぶ野菜入り信州生まれのケチャップ・レモン汁・オリーブオイル・バジルを混ぜ合わせ、1とからめる。

3 皿に2を盛りつける。

・サラダのトッピング的使い方も、辛くして「タコス」的な食べ方も。
・ワインなど飲みたくなりますよ。

エッグスラット

●●●●●●●●●●●●●●●●

●材料（2人分）

国産つぶ野菜入り信州生まれのケチャップ	60 g
温泉卵	2個
じゃがいも	160 g
牛乳	60ml
塩・こしょう	少々
〈盛りつけ〉	
パン	お好み

作り方

1 じゃがいもの皮をむき、濡らしたキッチンペーパーとラップで包む。電子レンジ（500W）で3分加熱し、ボウルに移してフォークでつぶす。

2 1に牛乳を加えてよく混ぜ、塩・こしょうで味をととのえる。

3 マグカップに2を詰め、その上に国産つぶ野菜入り信州生まれのケチャップを加え、その上に温泉卵を割り入れる。

ミネストローネ

●材料（2人分）

国産つぶ野菜入り信州生まれのケチャップ	大さじ3
玉ねぎ	1/4個
にんじん	1/4本
キャベツ	1/8個
ベーコン	3枚
コンソメ	1個
水	450ml
サラダ油	大さじ1

作り方

1 ベーコン・玉ねぎ・にんじん・キャベツは一口大に切る。

2 鍋に油をひきベーコンをかるく炒めたあと、玉ねぎ・にんじん・キャベツを入れ、野菜がしんなりするまで中火で炒める。

3 2に水を入れ、一度沸騰させたら、国産つぶ野菜入り信州生まれのケチャップ・コンソメを入れ弱火にし、具材に味がしみ込むまで約10分煮込む。

ポイント
・野菜とベーコンのうまみが詰まった、イタリアの家庭料理のひとつ。トマトの酸味でさっぱり食べていただけるので、夏バテの際にもおすすめです。

野菜たっぷりみそ汁

●材料（2人分）	
国産つぶ野菜入り信州生まれのケチャップ	大さじ1
白菜	80ｇ
しいたけ	2枚
えのきたけ	80ｇ
長ねぎ	80ｇ
みそ	大さじ3
水	200ml

作り方

1 沸かした湯の中に刻んだ白菜・えのきたけ・ねぎを入れ野菜がやわらかくなったらみそを入れる。

2 国産つぶ野菜入り信州生まれのケチャップを隠し味で、みそ汁の中に入れる。

ポイント
・野菜たっぷり、だしいらず。コクが出ます。豚汁でもためしてください。

スモークサーモンと
りんごのサラダ

●材料（2人分）

〈ドレッシング〉

国産つぶ野菜入り信州生まれのケチャップ	80 g
レモン汁	小さじ2
タバスコ	適量
ハーブソルト	適量
こしょう	少々
りんご（スライス）	120 g
玉ねぎ（スライス）	70 g
スモークサーモン	10枚
オリーブオイル	適量
レモン汁	適量
塩・こしょう	少々
黒オリーブ	14 g
バジル（飾り用）	2枝

作り方

1 小さめのボウルや器に国産つぶ野菜入り信州生まれのケチャップ・レモン汁・タバスコ・ハーブソルト・こしょうを入れよく混ぜ合わせ、〈ドレッシング〉を作る。

2 ボウルにスモークサーモン・りんご・玉ねぎを入れ、塩・こしょう・レモン汁・オリーブオイルを入れよく混ぜ合わせてから盛りつける。

3 ドレッシングをサラダの上からバランスよくかけ黒オリーブをちらし、飾り用のバジルを添える。

新じゃがいもの
しゃきしゃきサラダ

●材料（2人分）

〈オーロラソース〉
国産つぶ野菜入り信州生まれのケチャップ	60g
エシャロット（みじん切り）	15g
マヨネーズ	大さじ2
練りからし	小さじ1
パセリ（みじん切り）	少々
塩・こしょう	適量
新じゃがいも（細切り）	120g
塩	適量
パセリ	適量

作り方

1 ボウルに国産つぶ野菜入り信州生まれのケチャップ・マヨネーズ・練りからし・エシャロット・パセリを入れよく混ぜ合わせる。塩・こしょうで味をととのえ、〈オーロラソース〉を作る。

2 水にさらした新じゃがいもの細切りを、塩を入れた湯で30秒程度ボイルし自然に冷ます。

3 オーロラソースの中に2を加えよくあえ、皿に盛りつけお好みでパセリをちらす。

海老の三色カクテルサラダ

●材料（2人分）

〈トマトソース〉

国産つぶ野菜入り信州生まれのケチャップ	大さじ1/2
トマト（さいの目切り）	40g
マヨネーズ	小さじ1/2

〈海老の三色カクテルサラダ〉

ボイル海老	6〜8尾
かぶ	25g
ツナ	1/2缶
レタス	1枚
塩・こしょう	適量
マヨネーズ	大さじ1/2
オリーブオイル	小さじ1/2
パセリ	お好み
ミント	お好み

作り方

1 ボウルに〈トマトソース〉の材料を混ぜ合わせる。

2 ちぎったレタスを洗い、水をよく切ってからボウルに入れオリーブオイル・塩・こしょうをまぶしておく。

3 かぶは皮をむいて千切りにし、油を切ったツナ・マヨネーズ・塩・こしょうと混ぜ合わせる。

4 ボイル海老は塩・こしょうで下味をつけておく。

5 グラスに〈トマトソース〉と2から4、お好みでパセリやミントを飾りつけ出来上がり。

鶏肉のトマト煮

●材料（2人分）

信州生まれのおいしいトマト食塩無添加	2缶
国産つぶ野菜入り信州生まれのケチャップ	大さじ4
鶏もも肉	150ｇ
玉ねぎ	40ｇ
パプリカ	30ｇ
ピーマン	13ｇ
オリーブオイル	10ｇ
小麦粉	適量
塩・こしょう	少々

作り方

1 一口大にカットした鶏肉に塩・こしょう・小麦粉をまぶす。

2 鍋にオリーブオイルを温め、1をきつね色になるまで炒める。

3 両面に色がついたら、一口大にカットした玉ねぎ・ピーマン・パプリカを加え、かるく一緒に炒めて信州生まれのおいしいトマト食塩無添加を注ぐ。

4 トマトジュースがひと煮立ちしたら弱火にしてゆっくり鶏肉に火を通し、さらに国産つぶ野菜入り信州生まれのおいしいケチャップを加えて、塩・こしょうで味をととのえ、器に盛りつける。

きのこと根菜の
トマトクリームシチュー

●材料（2人分）

信州生まれのおいしいトマト食塩無添加	1缶
大根	70g
さつまいも	50g
にんじん	40g
れんこん	35g
生クリーム	30g
しめじ	20g
エリンギ	20g
ブロッコリー	20g
サラダ油	25g
バター	15g
コンソメ	10g
水	150ml
塩・こしょう	適量

作り方

1 野菜類、きのこ類をすべて一口大に切る。ブロッコリーはゆでる。

2 フライパンにサラダ油・バターを入れ火にかけ、温まったらブロッコリー以外の野菜類ときのこ類をすべて入れ、中火で炒める。

3 塩・こしょうで2に下味をつけ、コンソメと水を注ぎ入れ、約半分量になるまで煮詰める。

4 信州生まれのおいしいトマト食塩無添加を3に注ぎ入れ、さらに煮詰める。

5 生クリームを4に加え、火を止め、塩・こしょうで味をととのえてから皿に盛りつけ、ブロッコリーをのせる。

トマトすき焼き

●材料（2人分）

信州生まれのおいしいトマト食塩無添加	1缶
牛バラ肉（スライス）	250g
水菜	100g
トマト	1個
エリンギ	2本
長ねぎ	1/2本
焼き豆腐	1丁
麩	適量
牛脂	1かけ
しょうゆ	80ml
砂糖	40g
水	100ml
オリーブオイル	小さじ4

作り方

1 牛バラ肉・水菜は適当な大きさにカットする。長ねぎは斜めにカットしエリンギは4等分にする。焼き豆腐は食べやすい大きさにカットする。

2 トマトは湯むきして適当な大きさにカットする。

3 鍋に牛脂を入れ火にかけ溶け始めたら半分量の牛バラ肉を入れて炒め、色づいてきたら信州生まれのおいしいトマト食塩無添加としょうゆ・砂糖・水を加えひと煮立ちさせる。

4 残りの牛バラ肉と長ねぎ・エリンギ・焼き豆腐・トマト・麩を加え、最後にオリーブオイルと水菜を加える。

トマトキムチ・チゲ

●材料（2人分）

信州生まれのおいしいトマト食塩無添加	2缶
白菜キムチ	200 g
牛バラ肉（スライス）	100 g
豚バラ肉（スライス）	100 g
玉ねぎ（スライス）	100 g
わけぎ	4本
しいたけ	2枚
木綿豆腐	1丁
めんつゆ	大さじ1杯
〈合わせ調味料〉	
にんにく（みじん切り）	5 g
しょうゆ	大さじ1
ごま油	小さじ1
こしょう	少々

作り方

1　牛バラ肉と豚バラ肉を食べやすい大きさにカットし、玉ねぎと一緒にボウルに入れ、〈合わせ調味料〉を加えよくもみ込んでおく。

2　石焼鍋に1と適当な大きさにカットした豆腐・わけぎ・しいたけ・白菜キムチを入れ、信州生まれのおいしいトマト食塩無添加とめんつゆを注ぎ入れる。

3　強火の火にかけ、沸騰したら弱火で5分ほど煮込む。

4　塩・こしょう（分量外）で味をととのえる。

鶏肉団子の ピリ辛トマトみそ鍋

●材料（2人分）

〈みそ鍋だし〉

信州生まれのおいしいトマト食塩無添加	1缶
白みそ	60 g
コチュジャン	40 g
水	700ml

〈鶏肉団子〉

特選なめ茸茶漬	50 g
野沢菜	50 g
ねぎ	適量
しょうが（みじん切り）	適量
鶏ひき肉	150 g
片栗粉	大さじ3
しょうゆ	小さじ1
料理酒	小さじ1
ごま油	小さじ1
塩	少々

白菜	280 g
えのきたけ	70 g
しいたけ	2枚
まいたけ	70 g

作り方

1 鍋に水を入れ火にかけ、ひと煮立ちしたら信州生まれのおいしいトマト食塩無添加を加え、5分煮込み、白みそとコチュジャンを加える。

2 特選なめ茸茶漬・塩・しょうゆ・料理酒・ごま油・片栗粉、細かく刻んだ野沢菜とねぎ・しょうがを鶏ひき肉の中に入れ混ぜ、一口大に丸め、鶏肉団子を作る。

3 えのきたけ・しいたけ・まいたけの石づきを取り、白菜とともに適当な大きさに切る。

4 1に2と3を盛り火にかけ煮る。

ガスパチョ

●材料（2人分）

信州生まれのおいしいトマト食塩無添加	2缶
きゅうり	1/2本
玉ねぎ	1/4個
パプリカ	1/2個
にんにく	1/2かけ
バケット（白い部分）	少々
ワインビネガー（赤か白）	少々
オリーブオイル	適量
塩	少々

作り方

1 にんにく以外の野菜は細かい角切りまたはざく切りにする。玉ねぎ以外の野菜は〈飾り用〉に少し取っておく。

2 1の野菜とワインビネガーを袋に入れ、一晩冷蔵庫でねかせる。

3 信州生まれのおいしいトマト食塩無添加・2・バケット・塩・にんにくをミキサーにかける。オリーブオイルを少しずつ入れながら乳化させる。スープの濃度は、冷水で調整する。

4 皿に注ぎ、〈飾り用〉の野菜をちらして完成。

ミルクトマトスープ

●材料（2人分）

信州生まれのおいしいトマト食塩無添加	40ml
牛乳	75ml
コンソメ	小さじ1/2
お湯	大さじ1
塩・こしょう	適量
パセリ（みじん切り）	適量
クラッカー（クルトンでも可）	適量

作り方

1　コンソメをお湯に溶かしておく。

2　鍋に牛乳を煮立てないように温め、1と信州生まれのおいしいトマト食塩無添加を加え、塩・こしょうで味をととのえる。

3　器によそい、砕いたクラッカーまたはクルトン、パセリをちらす。

ポイント

・忙しいときにもぴったりなお手軽スープ。トマトの酸味に牛乳が加わることでまろやかな味わいになります。加熱しすぎると分離する可能性があるので注意してください。

さつまいもとトマトスープ

●材料（2人分）

信州生まれのおいしいトマト食塩無添加	1缶
さつまいも（薄切り）	200g
牛乳	200ml
水	200ml
プレーンヨーグルト（お好み）	適量
塩・こしょう	適量
グリーンペッパー（お好み）	適量

作り方

1 さつまいもの皮をむいて、薄切りにし、鍋に水と切ったさつまいもを入れやわらかくなるまで煮る。

2 1に信州生まれのおいしいトマト食塩無添加を加える。サッと加熱する程度で煮えたら火を止め、粗熱をとっておく。

3 粗熱がとれたらミキサーに入れ混ぜ、鍋に戻す。

4 ミキサーにまだ残ってしまうので、そこへ牛乳を入れ混ぜ、鍋に戻す。

5 サッと火を通し塩・こしょうで味をととのえる。お好みでプレーンヨーグルトとグリーンペッパーを盛りつける。

蒸し鶏とチーズのサラダ
トマトドレッシング

●材料（2人分）

〈トマトドレッシング〉

信州生まれのおいしいトマト食塩無添加	55ml
粒マスタード	3g
オリーブオイル	大さじ1
りんご酢	小さじ1
レモン汁	少々
塩・こしょう	適量
レタス	20g
サニーレタス	25g
ミニトマト	4個
ブロッコリー（ゆで）	80g
ゆで卵	2個
サラダチキン	80g
シュレッドチーズ	24g

作り方

1 ドレッシング専用容器に〈トマトドレッシング〉の材料をすべて入れ、ふたをして約20秒間シェイクする。

2 皿にちぎったレタスとサニーレタスを盛り、周りにミニトマト・ブロッコリー・ゆで卵を盛りつける。

3 ほぐしたサラダチキンを中央にのせその上からシュレッドチーズをちらす。

4 1のドレッシングを添える。

なすのマリネ風サラダ

●材料（2人分）

信州生まれのおいしいトマト食塩無添加	60ml
なす	1本
玉ねぎ（スライス）	75g
トマト	40g
玉ねぎ（みじん切り）	40g
パセリ	適量
〈A〉	
にんにく	1かけ
ローリエ	1枚
白ワインビネガー	小さじ4
ホワイトペッパー	少々
塩	少々
水	500ml
〈B〉	
サラダ油	大さじ1/2
白ワインビネガー	大さじ1/2
白だし	大さじ1/2
こしょう	少々

作り方

1 なすは1〜1.5cmの輪切りにし、玉ねぎは3cm幅のスライスにし、トマトはみじん切りにしておく。

2 深めの鍋に〈A〉を入れ、火にかけひと煮立ちしたら、1をゆでる。

3 ゆであがったらざるに上げ粗熱をとる。

4 ボウルに〈B〉を入れ、よく混ぜ3を温かいうちに加える。

5 4に信州生まれのおいしいトマト食塩無添加・みじん切りした玉ねぎを加え、静かに混ぜ合わせ、仕上げにみじん切りしたパセリを加え、冷蔵庫で1〜2時間冷やす。

トマトとみかんの寒天よせ

●材料（2人分）

信州生まれのおいしいトマト食塩無添加	100ml
オレンジジュース	100ml
みかん	60g程度
砂糖	大さじ2
水	200ml
粉寒天	2g

作り方

1 水に粉寒天を入れて火にかけよく溶かす。

2 信州生まれのおいしいトマト食塩無添加、オレンジジュースを耐熱容器に移し、電子レンジ（600W）で1分間加熱する。

3 1に温めた2を注ぎ、砂糖を入れてよく混ぜ合わせる。

4 バットに3を注ぎ、粗熱がとれたところでみかんを加え、冷蔵庫で3時間ほど冷やす。

ポイント
・みかんの甘みとトマトの酸味の相性◎。ほろっとくずれ、なめらかな食感、暑い夏場にもおすすめです。

なめらかトマトプリン

●材料（2人分）

信州生まれのおいしいトマト食塩無添加	40ml
牛乳	130ml
卵黄	2個
砂糖	25g
ゼラチン	3g
バニラエッセンス	少々

作り方

1 ボウルに卵黄・砂糖を入れて、泡立て器で卵が白っぽくなるまでよく混ぜ合わせる。

2 鍋で沸騰直前まで温めた牛乳を少しずつ1に混ぜながら加え、全部混ぜ合わせる。

3 2を鍋に移し、弱火にかけ木べらで沸騰させないようにとろみが出るまで混ぜ合わせる。

4 とろみが出てきたらボウルに移し、戻したゼラチンとバニラエッセンス・信州生まれのおいしいトマト食塩無添加を加える。

5 茶こしでこしながら容器に入れ、氷水を張った中で冷やす。

ポイント

• トマトの甘みとほのかな酸味でさっぱり食べていただけます。子どもにも喜ばれるデザートです。

トマトの杏仁豆腐

●材料（2人分）

信州生まれのおいしいトマト食塩無添加	25ml
杏仁豆腐の素	20g
牛乳	20ml
お湯	100ml
ミニトマト（飾り用）	適量

作り方

1　お湯は90℃以上に沸かし、信州生まれのおいしいトマト食塩無添加と牛乳は50℃ほどに温めておく。

2　ボウルに杏仁豆腐の素と湯を合わせて混ぜ、2～3分混ぜながら溶かす。温めた信州生まれのおいしいトマト食塩無添加と牛乳を加えて、よく混ぜ合わせる。

3　器に流し入れ、冷蔵庫で冷やし固める。ミニトマトを添えて出来上がり。

ポイント
・杏仁豆腐の素はメーカーによって異なるため、お好みの量で調節してください。

炊飯器でホットケーキ

●材料（３合炊き）

信州生まれのおいしいトマト食塩無添加	90ml
ホットケーキミックス	150ｇ
豆乳	100ml
卵	2個
レモン汁（お好み）	小さじ1/2
バター	大さじ1
粉砂糖（トッピング）	適量

作 り 方

1 トッピング以外のすべての材料を炊飯器釜に入れ、混ぜてから炊飯のスイッチを押す。

2 出来上がったら竹串で真ん中を刺し、しっかり焼けていることを確認したあと、ひっくり返して皿にのせ粉砂糖をかける。

ポイント

・一度の炊飯で火が通っていない場合、再度炊飯ボタンを押してください。

・炊飯器メーカーによっては釜が熱いと作動しないことがあるので、そのときは冷めるまで待ってから再度炊飯ボタンを押してください。

炊飯器でトマトチーズケーキ

● ● ● ● ● ● ● ● ● ● ● ● ● ● ●

●材料（3合炊き）

信州生まれのおいしいトマト食塩無添加	90ml
クリームチーズ	200ｇ
生クリームまたは牛乳	200ml
卵	2個
砂糖	60ｇ
ホットケーキミックス	40ｇ
レモン汁	大さじ2
スライスレモン（トッピング）	2切れ
ホイップクリーム（トッピング）	適量

作り方

1 クリームチーズは常温でやわらかくし、クリーム状になるまで混ぜ合わせる。

2 炊飯器釜に**1**と残りの材料を入れ混ぜ合わせ、炊飯のスイッチを押す。

3 出来上がったら竹串で真ん中を刺し、しっかり焼けていることを確認したあと、ひっくり返して皿にのせる。トッピングを添えて出来上がり。

ポイント

- 一度の炊飯で火が通っていない場合、再度炊飯ボタンを押してください。
- 炊飯器メーカーによっては釜が熱いと作動しないことがあるので、そのときは冷めるまで待ってから再度炊飯ボタンを押してください。

炊飯器でチョコケーキ

●材料（3合炊き）

信州生まれのおいしいトマト食塩無添加	90ml
ホットケーキミックス	100g
卵	2個
牛乳	50ml
砂糖	大さじ2
サラダ油	大さじ2
ココアパウダー	大さじ1
板チョコ	1枚
（30gは生地、残りは飾り）	
粉砂糖、ミント、ホイップクリームなど（トッピング）	

作り方

1 炊飯器に板チョコを細かく割り入れ、トッピング以外の残りの材料も入れ混ぜ合わせ、炊飯のスイッチを押す。

2 出来上がったら竹串で真ん中を刺し、しっかり焼けていることを確認したあと、ひっくり返して皿にのせる。トッピングを添えて出来上がり。

 ポイント

・一度の炊飯で火が通っていない場合、再度炊飯ボタンを押してください。

・炊飯器メーカーによっては釜が熱いと作動しないことがあるので、そのときは冷めるまで待ってから再度炊飯ボタンを押してください。

ホットワイン

●材料（2人分）

信州生まれのおいしいトマト食塩無添加	50ml
赤ワイン	175ml
はちみつ	30g
水	200ml
オレンジ（スライス）	1枚
クローブ	2粒
シナモンステック	1本
レモン（スライス）	1枚

作り方

1 水・赤ワインを小鍋で煮立て、クローブ・シナモンスティック・オレンジスライス・はちみつ・信州生まれのおいしいトマト食塩無添加を入れ、ひと煮立ちさせる。

2 カップにスライスレモンを入れ、**1**を注ぐ。

ポイント

・ドイツでは主にクリスマスマーケットで飲んで楽しみます。別名「グリューワイン」とも呼ばれ、「グリュー」とはドイツ語で「赤々と燃えて熱を帯びる」という意味です。

ホットココア

●材料（2人分）

信州生まれのおいしいトマト食塩無添加	60ml
ココア	小さじ2
牛乳	240ml
水	小さじ4
ブランデー	少々
砂糖	大さじ1

作り方

1 小鍋にココア・砂糖・水を入れ、よくかき混ぜながら加熱する。
2 牛乳を少しずつ加えながらかき混ぜる。
3 沸騰直前に火を止め、ブランデー・信州生まれのおいしいトマト食塩無添加を加え、よくかき混ぜたあとカップに注ぐ。

 ポイント

・冬の寒い日におすすめです。お子様と一緒に楽しめます。

トマトとバナナの
ヨーグルトスムージー

●材料（2人分）

信州生まれのおいしいトマト食塩無添加	2缶
バナナ（冷凍）	2本
ヨーグルト	80g
はちみつ	40g

作り方

1　バナナは皮をむいてラップをし、冷凍庫で凍らせておく。

2　ミキサーに信州生まれのおいしいトマト食塩無添加・ヨーグルト・冷凍バナナ・はちみつを入れ、20〜30秒ミキサーで混ぜる。

3　グラスに入れて完成。

ポイント

・バナナは凍らせるのがポイントです。

・腸活におすすめ。抗酸化作用も。

さっぱり！ トマトお汁粉

●材料（2人分）

信州生まれのおいしいトマト食塩無添加	1缶
練りあん	100g
砂糖	小さじ1
もち	2個
〈盛りつけ〉	
みかん缶詰（お好み）	適量
生クリーム（お好み）	適量

作り方

1 鍋に信州生まれのおいしいトマト食塩無添加と練りあんを入れ、泡立て器でよく混ぜ合わせてから弱火で火にかける。

2 沸騰したら砂糖を加え2〜3分煮る。

3 もちを焼き、器に入れて2のあんを注ぐ。お好みでみかんと生クリームを飾る。

 ポイント

・フルーツはお好みのものを何でも。おもちを白玉に変えて冷たくしてもおいしいです。

・みつ豆やくず切りにもチャレンジしましょう。

まぐろたたきとじゃがいもの
サラダ仕立て　トマトソース

●材料（2人分）

〈トマトソース〉
信州生まれのおいしいトマト低塩	120 g
エシャロット（みじん切り）	30 g
グリーンオリーブ（みじん切り）	30 g
パセリ（みじん切り）	4 g
オリーブオイル	小さじ2
こしょう	適量

〈じゃがいものサラダ〉
じゃがいも	140 g
オリーブオイル	70 g
レモン汁	小さじ2
塩	少々

〈まぐろのたたき〉
まぐろ刺身用	140 g
パセリみじん切り	適量
ごま油	適量

ベビーリーフ	適量
ミニトマト	4個

作り方

1 ボウルにみじん切りしたエシャロット・グリーンオリーブ・パセリを入れ、信州生まれのおいしいトマト低塩・オリーブオイル・こしょうと一緒に混ぜ、〈トマトソース〉を作る。

2 細切りにしたじゃがいもをゆでて温かいうちにレモン汁・オリーブオイル・塩をかけて混ぜ、〈じゃがいものサラダ〉を作る。

3 フライパンにごま油を入れ、火にかけ、温まったらまぐろを入れ、表面だけさっと焼き色をつけ、パセリをまぶして冷蔵庫で冷ましたあと、まぐろをスライスし、まぐろのたたきを作る。

4 皿にじゃがいものサラダを盛り、その上にまぐろのたたきを盛りつけ、トマトソースをかけ、ベビーリーフとミニトマトを飾る。

ナガノトマトのトマトジュース

　ナガノトマトのトマトジュース「信州生まれの
おいしいトマト」はトマト本来の甘みと旨みが
ぎゅっとつまったオリジナルブランドトマト「愛
果（まなか）」を100％使用し、そのまま搾っただ
けのストレートタイプのトマトジュース[1]です。

　信州の契約農家の方々が愛情込めて大切に育て
たトマトです。完熟した旬のトマトの甘みと香
り、さらっとした口当たりが特長です。トマトそ
のものの味をお楽しみいただけます。

〈機能性表示食品のご説明〉

　ナガノトマトでは、「信州生まれのおい
しいトマト　食塩無添加」を、機能性表示
食品[2]として2018年9月より販売してい
ます。

　原料の「愛果（まなか）」にはGABA（ギャ
バ）が含まれており、ナガノトマトではそ
の成分に2008年より注目してきました。

　今回機能性食品として届け出を行い、G
ABA（ギャバ）の機能性について表示で
きるようになりました。

　血圧が高めの方におすすめです。

＊機能性関与成分

　1缶190ｇ当たりGABA95mg。1日の
摂取目安量：1日1本（190ｇ）を目安
にお召し上がりください。

注意事項

本品は、疾病の診断、治療、予防を目的と
したものではありません。食生活は、主
食、主菜、副菜を基本に食事のバランス
を。降圧剤を服用している方は医師、薬剤
師にご相談ください。多量摂取により疾病
が治癒したり健康がより増進したりするも
のではありません。

1）トマトの旬の時期に収穫し、トマトのみを原料として製造しています。本品は、濃縮や還元、トマト
　以外の原料の添加は行っておりません。
2）本品は、事業者の責任において特定の保健の目的が期待できる旨を表示するものとして、消費者庁長
　官に提出されたものです。ただし、特定保健食品と異なり、消費者庁長官による個別審査を受けたも
　のではありません。

ナガノトマトオンラインショップのご案内

　ナガノトマトオンラインショップでは信州松本から長野県産のトマトを使用したトマトジュースやケチャップ、長野県特産のえのきたけを使用したなめ茸など、お客様に安心・安全な商品をお届けしています。

　また、お得な情報をお届けするメールマガジンも配信しております。こちらも是非ご登録ください！

ナガノトマトオンラインショップはこちら　　　　　　　　メールマガジン登録はこちら

株式会社ナガノトマト通信販売
【お問い合わせ】

フリーダイヤル■0120-58-1058（受付時間 9:00~17:00、土・日・祝祭日・弊社休業日を除く）

FAX■0120-57-1587（24時間）

ナガノトマトのジュースは **定期便がお得** です！

全国送料無料！

定期便でご購入いただくともれなく**4**つの特典をご利用可能です

 続けやすい
定期便だけの
特別価格

 安　心
自動で更新
ご注文の手続き

 便　利
お電話・メールから
お休み・中止
ができます

 お　得
定期便以外の
追加注文も
定期割引対応

「愛果（まなか）」はナガノトマトの担当者が契約農家さんと一緒に育てています。

❶ 定期便なら特別価格で続けやすい！

毎日続けてほしいから、定期便でのお届けは特別価格でお得に購入できます！

全国どちらでも「送料無料！」

❷ 定期便なら注文忘れの心配なし！

定期便は、継続してお届けするシステムです。毎月コースと隔月コースがございます。発送時期は「上旬」「中旬」「下旬」からお選びいただけます。

注文の手間がなくなり「楽ちん！」

❸ 商品変更やお休みは電話1本でOK！

たとえば、「低塩のトマトジュースから食塩無添加のトマトジュースに変更したい場合」「毎月注文から隔月に変更したい場合」「一時お休みしたい場合」は、お電話で承ります。

複雑な手続きは「一切不要！」

❹ 定期便4品がいつでもお得！

定期便のご利用中は、定期便対象商品（4品）が、いつでも特別価格でご注文できます。時期、用途に合わせて最適な商品をお選びください。

お友達へのプレゼントにも最適！

トマトとなめ茸のおいしいレシピ

2020年5月12日　第1刷発行

監　修	株式会社ナガノトマト
発行者	木戸ひろし
発行元	ほおずき書籍株式会社
	〒381-0012　長野市柳原2133-5
	TEL　(026) 244-0235代
	web http://www.hoozuki.co.jp/
発売元	株式会社星雲社 (共同出版社・流通責任出版社)
	〒112-0005　東京都文京区水道1-3-30
	TEL　(03) 3868-3275

ISBN978-4-434-27468-8